新雅・名人館

相對論之父

愛因斯坦

新雅文化事業有限公司
www.sunya.com.hk

新雅 • 名人館
相對論之父　**愛因斯坦**

編　　著：饒遠
內文插圖：劉仁毅
封面繪圖：歐陽智剛
策　　劃：甄艷慈
責任編輯：曹文姬
美術設計：何宙樺　李成宇
出　　版：新雅文化事業有限公司
　　　　　香港英皇道499號北角工業大廈18樓
　　　　　電話：（852）2138 7998
　　　　　傳真：（852）2597 4003
　　　　　網址：http://www.sunya.com.hk
　　　　　電郵：marketing@sunya.com.hk
發　　行：香港聯合書刊物流有限公司
　　　　　香港新界大埔汀麗路 36 號中華商務印刷大廈 3 字樓
　　　　　電話：（852）2150 2100
　　　　　傳真：（852）2407 3062
　　　　　電郵：info@suplogistics.com.hk
印　　刷：中華商務彩色印刷有限公司
　　　　　香港新界大埔汀麗路 36 號
版　　次：二〇一五年八月二版
　　　　　10 9 8 7 6 5 4 3 2 1
版權所有‧不准翻印

ISBN: 978-962-08-6387-5

前言

　　愛因斯坦，二十世紀科學領域最響亮的名字！這個名字是跟「相對論」緊緊地聯繫在一起的。相對論美妙的構想，使我們想起了偉大的畫家達‧芬奇的名畫《蒙娜麗莎》，想起偉大的音樂家貝多芬的《第九交響樂》。它們的魅力征服了全世界，它們的光輝永遠迷人。如果我們估量一下，根據相對論推導出來的那個著名的能量與質量公式$E＝mc^2$對世界帶來的巨大影響，我們就會非常驚歎：愛因斯坦真是二十世紀最偉大的物理學家！

　　比如，威力無比的原子彈，就是根據相對論的公式研製出來的。有誰知道太陽近旁的星光，會不會被太陽彎曲呢？愛因斯坦運用相對論計算測量出來了，並經過科學家們驗證：星光會被太陽的萬有引力所彎曲。夠神奇吧！

　　所有行星運行時，它們橢圓的軌道是不變的，而靠近太陽的水星運行的軌道卻會下墜而改變方向。這是愛因斯坦的新發現。後來證明，他的計算是正確的。

相對論是科學上的一大傑作。這項傑作是愛因斯坦從小就熱愛科學、一直孜孜不倦地研究的結果。更令我們讚歎不已的是，相對論竟是愛因斯坦在非常艱苦的環境裏奇跡般地創造出來的，那時，他才二十六歲！二十六歲的愛因斯坦，成了世界級的物理學家。

　　相對論的創立，引起了物理學上的革命。相對論對科學的貢獻是很大的，它可解釋宇宙中的許多奧秘，成為現代天文學及宇宙學的基礎和工具。它的應用很廣，使人類有了新的希望。讓我們探尋愛因斯坦的足跡，看看他是如何攀上世界物理學的高峯吧！

目錄

一 小羅盤迷住「笨小孩」

當日曆翻到1879年3月14日的時候，在德國烏爾姆的一個商人家裏，阿爾伯特·愛因斯坦誕生了。這是一個極普通的嬰兒，誰也不知道他將來的命運如何。

愛因斯坦的家是一個快樂溫馨的家。

父親海爾曼對數學有極大的興趣，他想到大學深造，但因為家庭貧困，不得不棄學經商，開了一家電器商行。母親波琳·科赫能彈會唱，特別喜歡拉小提琴，她演奏德國作曲家貝多芬的奏鳴曲，常常使全家人陶醉萬分。

愛因斯坦一歲時，全家遷居慕尼黑。這時，愛因斯坦的父親和叔叔雅各布合伙開辦了一家工廠，經營得很有生氣。

愛因斯坦兩歲的時候，妹妹出生了。他倆很要好，常常到房子周圍的花園裏玩耍，有時一起聽母親拉小提

琴。母親看着小小的愛因斯坦入神地欣賞樂曲，又高興，又擔心。

因為，他跟其他小孩子太不一樣了，他從不喜歡熱鬧的遊戲，總是避開小伙伴們，獨自一人默默地出神，久久不説話。

那時候，經常有軍隊列隊在大街上走，很多小孩子都興高采烈地跟在軍隊的後面唱唱跳跳，愛因斯坦卻一點興趣也沒有，拉着父親的手哭着要回家。

愛因斯坦三歲了，仍然不喜歡説話。母親波琳非常擔心小愛因斯坦，她對丈夫説：「你看這笨孩子，總是沉默寡言，又那麼孤僻，會不會身體有什麼毛病？」

海爾曼安慰妻子説：「不會的，他很專心地聽你拉小提琴，我從他的眼睛看得出來，他一定是個聰明的孩子！」

可是波琳不放心，請來醫生給小愛因斯坦檢查，醫生笑着説：「這孩子智力正常，你們不用擔心。」

父親在繁忙的工作之後，經常帶一些新玩意回來給愛因斯坦，但他看一眼就丟在一邊，甚至對精美的玩具也不感興趣。

有一次，愛因斯坦生病住進了醫院，醫生不准他亂動，他只好望着雪白的牆壁發呆。

這時，父親笑着走進來了，坐在他的身邊，從口袋裏取出一個圓圓的東西，説：「孩子，給你。」

愛因斯坦高興地把那東西接過來，翻來覆去地看着，對裏面那根小小的**磁針**發生了濃厚的興趣。

他輕輕搖着、轉動着，小磁針卻總是指着一個方向。他問：「爸爸，這東西真好玩，它是什麼玩具？」

「它叫做『**羅盤**』，是中國人發明的。」

「這羅盤有什麼用？」

「我們在森林裏迷了路，或者在大海裏迷失了方向，羅盤便可以幫助我們找到正確的方向，走出困境。」

愛因斯坦見到這個簡單的玩意兒，作用這麼大，十分驚訝，説：「爸爸，快教教我怎麼用？」

父親説：「你看，**壁爐**①那邊是北方，無論我怎麼轉動羅盤，它的小指針都一定會指着北方。」

説着，父親轉動着羅盤，指針晃動着，當停下來

知識門

磁針：

針形磁鐵，通常是狹長菱形。中間支起，可在水平方向轉動，受地磁作用，靜止時兩個尖端分別指着南和北。

羅盤：

測定方向的儀器，由有方位刻度的圓盤和裝在中間的指南針構成。用於航海、飛行、旅遊等。

---

① **壁爐**：在牆壁砌成的生火取暖的設備，有煙囪通室外。

時，指針果然還是指着壁爐的方向。

愛因斯坦驚奇地抓起羅盤，自己試了又試，指針每次都向壁爐的方向指着。

他拉着父親的手，問：「爸爸，快快告訴我，為什麼小指針不指其他方向，單單指着北方？」

父親笑着摸摸他的小腦袋，預感到這是一個信號，孩子對科學的興趣遠比對其他玩具強烈得多，說：「你長大後就會知道，因為地球內部有一種磁力，它吸引着小磁針，所以小磁針總是指着北方。」

「**磁力**[①]？」小小的愛因斯坦喃喃自語着，雖然不懂，但好奇心從此驅使他去弄清許許多多的「為什麼」。

他小心翼翼地把羅盤放在自己的胸口上，靜靜地躺在病牀上，不再説話。

愛因斯坦長到六歲時，父母送他上了小學。

他還是不愛説話，下了課，一個人安安靜靜地坐在課室裏，有時眼也不眨地盯着黑板，有時又非常專注地望望窗外。有時候，獨自一個人蹲在校園的角落裏，用小樹枝在地上畫呀畫，小朋友們好奇地看着他在地上畫的 X、Y、Z，誰也看不懂這是什麼古怪符號。

[①] **磁力**：磁體之間相互作用的力。

其實，這些符號是他的叔叔雅各布教給他的。

叔叔是很高水平的工程師，見愛因斯坦對數學發生了興趣，更加疼愛他了，說：「愛因斯坦，數學非常有趣，你慢慢會跟它交朋友的。好像打獵一樣，X 就是我們要獵取的獵物，為此，我們就要去搜尋這個 X，只要我們不斷努力，就一定能找到這個 X！」

奇妙的羅盤，神秘的X，從小就把愛因斯坦的思路引向了探尋奧秘的世界。

他對數學開始有了興趣，那一個個數字變**魔術**①似的，越演算越神奇。

計算累了，他就拉小提琴，這是母親教給他的。這時候，愛因斯坦就會陶醉在音樂之中。這歡樂的音樂小天使，後來陪伴了他的一生。

---

① **魔術**：雜技的一種，以迅速敏捷的技巧或特殊裝置把實在的動作掩蓋起來，使觀眾感覺到物體忽有忽無，變化不定。

想一想

1. 你認為愛因斯坦小時候真的很笨嗎？為什麼？

2. 小愛因斯坦對羅盤那麼喜愛，這說明了什麼呢？

二 數學激發的樂趣

十歲時，愛因斯坦就進了非常有名的路提波德中學讀書。

當愛因斯坦穿着深藍色的中學制服，出現在父母面前時，母親高興地説：「看，我兒子今天多神氣啊！」

父親也自豪地稱讚道：「瞧，十歲就上中學了！」

可是，愛因斯坦對許多死記硬背的科目不感興趣，而學校對學生又管得太嚴，老師的教學方法又很死板，學生們都感到十分無聊。本來，愛因斯坦最喜歡數學、**哲學**[①]和物理學，但偏偏教這些科目的老師都不喜歡他。因為愛因斯坦常常喜歡在課堂上發問，提出一些令老師難以回答的問題。有一次，愛因斯坦向一位數學老師請教一個數學問題，那位老師卻以諷刺的口吻説：「讓你學數學，恐怕是上帝的一個錯誤。」

有一天放學後，愛因斯坦垂頭喪氣地回到家。雅各布叔叔見他情緒不佳地坐在門口，便問他：「愛因斯坦，你怎麼了？」

[①] **哲學**：關於世界觀的學説。是自然知識和社會知識的概括和總結。

13

「我不喜歡學校教的東西，又要硬着頭皮上課，真是浪費時間。」愛因斯坦苦着臉回答。

雅各布叔叔笑了笑，說：「你為什麼不買一些自己喜歡的書回來，自己學習呢？」

「是呀，我為什麼不自己學些數學和物理呢？」愛因斯坦一下子知道自己應該怎麼辦了。

他頗有興趣地讀起了那些深奧難懂的公式、定理，不停地計算，為了一道難題他靜靜地一個人苦思冥想。朋友塔爾梅送給他一本伯恩斯坦編的《自然科學通俗叢書》，他便像鑽進了奇妙的知識迷宮，把書裏面的**動物學**[①]、**植物學**[②]等各種知識看得津津有味，他感歎道：「這個世界真是奧妙無窮啊！」

塔爾梅見愛因斯坦對科學知識有這麼大的興趣，又送給他一本阿幾米德的《幾何學原理》。愛因斯坦好像獲得了一件寶貝，成天捧在手裏，捨不得放下，他驚歎：「人類的思維原來有那麼大的力量！」

就在同學們苦着臉聽老師枯燥

知識門

阿幾米德：

（約前330～前275），古希臘數學家。在《幾何學原理》中，他第一次把前人和他自己親自增補的全部幾何問題整理成一個有系統的邏輯體系。

[①] **動物學**：研究動物的形態、生理、生態、分類、分布等學問的學科。

[②] **植物學**：研究植物的構造、生長和生活機能的規律以及植物的分類、進化、傳播和利用的學科。

14

無味的講課時，愛因斯坦已經向更廣闊的知識海洋啟航了。

有一天，老師正在物理課上講解光的直線傳播，大家的眼睛都盯着老師在聽課，只有愛因斯坦望着窗外出神。因為看的書多了，腦子裏常常會冒出許多他想不通的問題，每當這個時候，他的眼睛就會一動不動地盯着一個地方，苦苦地思索着。

突然傳來老師一聲嚴厲的喝斥：「愛因斯坦，請留心聽課！」

愛因斯坦嚇了一跳，只好把視線收回來。

老師走過來，用筆使勁地在愛因斯坦的桌上「篤篤篤」地敲了幾下，說：「你要老師提醒多少次，才可以改掉這個毛病！」

愛因斯坦脹紅了臉，說：「老師，對不起！」

老師非常生氣地問：「告訴我，你在胡思亂想些什麼？」

愛因斯坦站了起來，望着老師，十分認真地回答：「老師，我在想，如果我以光的速度，飛向深邃的宇宙，不知我會怎麼樣？」

老師氣得臉紅脖子粗，大聲吼

知識門

宇宙：
包括地球及其他一切天體的無限空間。

15

道：「你問我怎麼樣？你會摔得粉身碎骨，這就是你的結果！」

整個教室沸騰了，同學們笑得眼淚都流了出來。愛因斯坦卻若無其事，一臉還在思考的神色。

下課以後，老師把他叫到辦公室，問：「愛因斯坦，我問你，你為什麼總是提出一些古怪的問題，為難老師？」

愛因斯坦老實回答：「我不懂，所以才問呀。」

「世界上那麼多奧秘，有誰解得開？你呀，不懂就別再問了。知道嗎？」

愛因斯坦無可奈何地點點頭。心裏卻在想：「那些沒有解開的奧秘，什麼時候才能找到答案呢？將來，我一定要去揭開它們神秘的面紗。」

可是，他活躍的思想，跟學校刻板的教育制度永遠是水火不相容的。愛因斯坦變得更加孤僻了。更糟糕的是，他十五歲那年，父親的工廠幾乎破產，全家只得搬到意大利的米蘭，重新開了一家工廠。愛因斯坦卻獨自一個留在慕尼黑，繼續自己的學業。

晚上，他凝視星空，想着父親母

知識門

米蘭：

意大利文化名城。文藝復興時期，大藝術家達·芬奇在此居住近二十年。是全國最大的工商業和金融中心。

16

親，想着疼愛自己的叔叔，想着妹妹和可愛的小表妹艾麗莎，寂寞和孤獨折磨着他，他實在無法排解心中的鬱悶。於是，他找到醫生，懇求説：「醫生，我要休學，給我開一張證明吧。」

「休學！你不像有病的樣子呀。」醫生笑了笑，「説實話，為了什麼？」

愛因斯坦坦然相告：「我無法適應這個學校，我要追求自己的理想。」

醫生知道這是一個有理想有追求的少年，應該給予支持，便開了休學證明給他。愛因斯坦回校辦好手續之後，毅然離開了路提波德中學，坐上了開往意大利的火車。

當愛因斯坦突然出現在家人面前時，母親驚喜地抱住他，問：「孩子，你不是正在上學嗎，怎麼回來了？」

愛因斯坦老老實實地説：「學校死板的學習和嚴厲的管束，我實在無法忍受，對我的發展沒有好處，所以，我決定離開那所學校。爸爸媽媽，希望你們理解我。」

父親覺得有道理，説：「回來也好，這裏的環境對你會有幫助。」

聽說哥哥回來了，妹妹瑪婭和表妹艾麗莎都非常高興，立即跑過來擁抱他。愛因斯坦一下子又回到了親人之中，享受着家庭的溫暖，他激動地說：「家裏真好！」

愛因斯坦真如一隻飛出籠子的小鳥，自由自在地走在米蘭的大街上，欣賞意大利美麗的風光。再到鄉村走走，呼吸新鮮空氣；或者去看大海，在海灘上拾些精巧的貝殼。

他突然想起牛頓的一句很有名的話：「我不知道，在世人眼裏我是什麼人；但是在我自己看來，我不過是在海邊玩耍的孩子，為不時揀到一塊光滑的卵石，一隻比較漂亮的**貝殼**[①]而喜悦，而真理的大海在我面前，一點也沒有發現。」

愛因斯坦拾起一塊卵石，心想：「我也是一個在海邊玩耍的孩子。我能撿到一隻比**牛頓**揀到的更漂亮的貝殼嗎？」

一個要掌握更多知識、探索宇

知識門

牛頓：

（1642～1727），十七世紀科學革命的頂峯人物，著名的英國物理學家、天文學家和數學家。最偉大的成就是發現了萬有引力，出版了巨著《自然哲學的數學原理》。

[①] **貝殼**：海洋貝類的硬殼。

宙奧秘的決心，在愛因斯坦的心裏像大海的波濤一樣澎湃。

從慕尼黑回到米蘭之後，愛因斯坦呆在家裏攻讀，時間悄悄地過去了半年。

父親看在眼裏，心想：這孩子也不小了，總要有個安排，不能總是呆在家裏，便説：「孩子，你不小了，將來的路怎麼樣走，也應該規劃規劃了。」

愛因斯坦望着慈祥的父親，知道他的心意，但一時也不知道如何辦。

雅各布叔叔最了解愛因斯坦，便提了個建議：「愛因斯坦，你的數學和物理都學得不錯，你可以在這方面發展，繼續努力，將來做個電機**工程師**①吧！」

十六歲的愛因斯坦面臨着對前途的抉擇，這並不是很簡單的事。其實，他早就想過這個人生難題。他是如此熱愛科學，搞科學研究是最稱心的事，像叔叔説的將來做個工程師也未嘗不好，但無論做哪一樣，現在所學的知識都遠遠不夠，唯有讀上大學，打好堅實的基礎，才能有所作為。

父親見他沉默不語，再次問他：「考慮得怎麼樣？」

①**工程師**：事業技術的職務名稱。能夠獨立完成某一專門技術任務的設計、施工工作的專門人員。

愛因斯坦堅決地説：「我要去讀蘇黎世聯邦工業大學！」

父親和叔叔見愛因斯坦如此雄心勃勃，非常高興，連聲説：「好，好！」

媽媽、妹妹和表妹也都異口同聲地説：「我們都支持你！」

就這樣，滿懷理想的少年愛因斯坦，踏上了開往蘇黎世的火車，離開家人，獨自上路，尋找他嚮往的真理去了。

想一想

1. 愛因斯坦讀中學時對物理、數學如飢似渴，這對他以後的創造發明有什麼幫助？

2. 愛因斯坦有時上課不專心，是他不愛學習嗎？為什麼？

三 大學驕子求職難

愛因斯坦興沖沖穿過蘇黎世美麗的街市，無心去欣賞那充滿現代氣息的高樓大廈，他想到自己即將進入歐洲一流的大學學習時，腳步便加快了。

愛因斯坦來到學校報名處，對負責招生工作的老師說：「我要報名。」

老師望了他一眼，問：「你的中學畢業證書呢？」

「畢業證書？」

愛因斯坦一愣，搔搔頭，想着自己是中途退學的，哪有什麼畢業證書，便**尷尬**[①]地笑了笑，連忙從口袋裏取出一張數學老師開的證明。

「老師，這是證明。」

「數學成績不錯，但這東西沒有作用。參加考試吧，看看你的運氣如何。」

老師看完他的證明後説。

負責報名的老師把證明退回給愛因斯坦。

愛因斯坦不得不進了考場，拿起筆來，一科科地過

[①] **尷尬**：處境困難，不好處理。在這裏是指神色、表情不自然。

關。數學和物理他得心應手地拿了優異的成績。

可是，讀中學時，他對外語、動物學和植物學等死記硬背的科目，不太重視，這次就考得糟糕透了。

放榜那天，愛因斯坦忐忑不安地來到學校，可是找遍錄取名單，都沒有自己的名字，他沮喪極了。

幸好，真正的天才是不會輕易被埋沒的。

聯邦工業大學的教授、著名的物理學家韋伯看了他的物理考卷，覺得這個少年在物理學科方面很有天分，對物理有着特別的感悟，便叫人找到愛因斯坦，說可以破格讓他來聽韋伯教授的課。

教授的話，猶如一陣春風吹拂着愛因斯坦的心胸。

他決心把頭抬起來，不讓失敗把自己打倒。

接着，該校校長赫爾岑把愛因斯坦請到辦公室，親切地説：「愛因斯坦同學，我仔細看了你的考卷，也了解你的其他情況。你的數學和物理成績都相當好，説明你的天分很高，但這一次總的成績不理想，我真的感到很惋惜。」

知識門

韋伯：

（1804～1891），德國物理學家。哥廷根大學物理學教授。長期從事電學量相磁學量的測量研究。1856年和卡爾勞什合作，用實驗證明電流強度的靜電單位與電磁單位之比等於真空中的光速。

23

愛因斯坦從來沒有遇到過知識如此淵博，卻又這樣和藹可親的師長，他坦率地説：「校長，我從小就特別喜愛數學……」

校長截住他的話，語重心長地説：「愛因斯坦，你在數學上的天賦是很高的，可是你的其他科目呢，比如**語言學**^①、動物學和植物學的基礎都太差了。你説是嗎？」

愛因斯坦默默地望着校長，只怪自己沒好好學習，還有什麼話好説呢？

「愛因斯坦，你這幾門較差的科目，光靠你自己自學，有一定的難度。如果你真想讀大學的話，我可以推薦你去阿勞中學補習一年。怎麼樣？」

愛因斯坦一聽讀中學，就想起那令人窒息的路提波德中學，心裏馬上湧起一陣反感：「還去讀中學呀？」

「阿勞中學是一流的學校，那裏環境和師資都不錯。」校長親切地説，「如果你願意去的話，認真讀完一年，我准許你免試來聯邦工業大學讀書。」

為了圓聯邦工業大學的夢，愛因斯坦只好接受校長的建議，帶着一種無可奈何的心情，到了阿勞中學。

一進阿勞中學的校園，給愛因斯坦的感覺就完全不一樣。

---

① **語言學**：研究人類語言的學科。

這裏沒有慕尼黑那種軍國主義色彩，學校環境優美，教學設備齊全，老師和藹可親，校風民主，學生自由。上課也不是填鴨式，而是循循善誘，讓學生自由發展。

為了能讀上蘇黎世聯邦工業大學，愛因斯坦改掉了過去對某些科目不重視的毛病，認真聽課，課餘時間還到圖書館自學。

經過一年的努力，終於修完了全部課程。十七歲的愛因斯坦如願以償，免試進入了聯邦工業大學，主修數學和物理學。

韋伯教授見到愛因斯坦來到自己的專業學習，非常高興，説：「歡迎你成為我的學生！」

韋伯教授又指着身邊一個很有風度的年輕人介紹：「這是教你們數學的明可夫斯基教授。」

愛因斯坦驚訝地望着這位年紀輕輕的教授，説：「您就是明可夫斯基教授？」

明可夫斯基教授對他笑了笑，問：「愛因斯坦，你喜歡數學嗎？」

「喜歡，非常喜歡！」愛因斯坦激動地回答。

知識門

軍國主義：

泛指崇尚武力和軍事擴張，將窮兵黷武和侵略擴張作為立國之本，把國家完全置於軍事控制之下，使政治、經濟、文教等國家生活的各個方面均服務於擴軍備戰和對外戰爭的思想和政治制度。

大學生活就這樣開始了。

愛因斯坦選修了許多課程，慢慢地他覺得要把主要精力集中在物理學上來，因為那個問題一直在困擾着他：「一個人如果以**光速**^①奔跑，他將看見什麼呢？」

他要解開這個謎，因此，他幾乎是全副身心鑽進了韋伯的物理實驗室，整天不見他出來。

數學課上，明可夫斯基發現愛因斯坦的座位老是空着，便對同事說：「愛因斯坦怎麼這麼久不來上課了？不會是偷懶吧！」

其實，愛因斯坦非常勤奮，他的精力和時間全部投入到了物理課、實驗室和圖書館當中。

他不停地閱讀物理學大師們的著作，特別是**麥克斯韋**的**電磁理論**。

而對他心愛的數學，愛因斯坦竟沒時間去顧及了。

愛因斯坦的好朋友格羅斯曼疑惑

知識門

麥克斯韋：

（1831～1879），是英國物理學家、數學家、電磁場理論的主要奠基人。是光的電磁理論的建立者。

電磁理論：

研究電磁現象的規律和應用的理論。麥克斯韋寫的著名論文《電磁場的動力理論》提出了一套完整的描述電磁場規律的方程組，從而宣告電磁場理論體系的建成。

---

① **光速**：光波傳播的速度，在真空中每秒約三十萬公里，在空氣中也與這個數值相近。

地問他：

「愛因斯坦，你是大家公認的數學尖子，現在怎麼會對數學沒了興趣？這是為什麼？」

「數學的興趣我沒有丟，只是我現在要把全部精力放在物理學上。」愛因斯坦說。

愛因斯坦是靠着借格羅斯曼的筆記來應付了一次次考試的。就在愛因斯坦把自己的全部感情、精力、智慧和時間投入到物理學上的時候，誰也不會想到，日後動搖經典物理學大廈基礎、徹底改造了經典物理學體系的人，就是這個年輕的愛因斯坦！

四年的大學生活，使愛因斯坦掌握了豐富的知識，為將來的研究工作莫定了堅實的基礎，還有一個收穫是認識了未來的妻子、他的同班同學——匈牙利姑娘米列娃。

1900年，二十一歲的愛因斯坦以優異的成績通過了國家考試，在聯邦工業大學畢業了。

愛因斯坦興奮地等待留校任教，這樣，他畢業後就可以立即解決工作和生活問題，並有一個優越的研究環境。誰知，他所在的專業四個人，三個留校名額中卻沒有愛因斯坦的份。

愛因斯坦大失所望，他問已決定留校的好友格羅斯曼：「你說說，為什麼偏偏不留我？」

格羅斯曼耐心地對他說：

「愛因斯坦，你這個人太固執了，你總是按自己的想法去做。那些教授都不太願意讓獨立意識太強的人來做自己的助手。你知道是什麼原因嗎？是怕你難於**駕馭**[①]啊。」

愛因斯坦驚奇地望着格羅斯曼，說：

「那麼說，我是不受歡迎的人了。」

格羅斯曼鼓勵他說：

「韋伯教授一向很器重你，你去找找他，也許他能幫助你。」

愛因斯坦聽從好友的意見，找到了韋伯，說：「教授，你能幫助我留校嗎？」

韋伯面帶難色，說：「留校一事已經決定，我也沒有辦法了。我寫幾封推薦信，你帶着去找找幾個中學的負責人，看能不能讓他們安排到中學教書。」

愛因斯坦拿着韋伯教授的推薦信，找了好幾間中學，可惜都被拒絕了。

愛因斯坦無可奈何地又走進了一間中學。

校長問着同樣一個問題：「愛因斯坦，你有瑞士國籍嗎？」

[①] **駕馭**：原意是驅使馬車行進。這裏是指服從自己的意志而行動。

愛因斯坦點點頭。畢業前他已經取得了瑞士國籍。

校長又問：

「你說你的家鄉在烏爾姆鎮，你是德國人？」

「我是**猶太人**。」

校長的臉色立即變了，陰沉沉的，聲音也充滿了驚異：「啊，猶太人？請你另找學校吧！」

愛因斯坦被校長送出了校門。他終於明白了，大家都因為他是猶太人，而不願接受他。

怎麼辦？畢業了，沒有工作怎麼養活自己，不能再要家裏接濟，父親的生意也不景氣呀！

愛因斯坦繼續尋找，一個月、兩個月、半年，工作仍然渺茫。

捱過了冬天，迎來了春天。

愛因斯坦受生活所迫，只得在失業的境況中不停地尋覓。他給**萊比錫**著名物理學家奧斯特瓦爾德寫信，要求做他的助手，可是信寄出去後如石

知識門

瑞士：
歐洲中部內陸國。主要有日耳曼人，首都伯爾尼，1648年，瑞士聯邦宣布獨立。

猶太人：
猶太人古稱希伯萊人、以色列人，講希伯萊語，信奉猶太教。居住在巴勒斯坦，在古代曾建立過以色列——猶太王國，歷史上多次被周邊強國征服。1948年在巴勒斯坦正式成立以色列國。

萊比錫：
位於德國南部萊比錫盆地中央三條河流的交匯處。地處重要商路，成為商業中心，對外貿易發達，文化事業也發達。

沉大海，杳無音訊。

　　有一天，愛因斯坦看報時發現一則關於請代課教師的廣告，他立即奔往溫特都爾技校，結果應聘成功。雖然他的課教得很好，可是當幾個月後正式老師到任時，愛因斯坦又失業了。

　　愛因斯坦輾轉找到一份家庭教師的工作，又因其他任課教師的妒忌，而被排擠辭退。

　　勞苦、奔波、白眼、冷落，這一切使年輕的愛因斯坦變得更成熟更堅強了。就在他無法走出困境的時候，他大學時的好友格羅斯曼找他來了。

　　「愛因斯坦，好久不見，生活得還好嗎？找到工作沒有？」格羅斯曼關切地問。

　　愛因斯坦望着好朋友苦笑着說：「不知為什麼，到處都不歡迎我。」

　　格羅斯曼拍拍愛因斯坦的肩膀，問：「有個工作，你願意去嗎？」

　　「在哪裏？」愛因斯坦迫不及待地問。

　　「伯爾尼。」

　　「去，哪裏都行，只要有工作。」愛因斯坦急切地說。

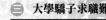

知識門

伯爾尼：

瑞士首都。位於瑞士中部阿勒河畔，1191年建城，1339年成為首都。建築古樸，街道狹窄。城名有「熊」的意思。市內有愛因斯坦紀念館。工業以「錶都」聞名於世。

31

「可是，那工作不一定是你喜歡的呀！」

愛因斯坦歎了口氣：「我已經碰了許多次壁，就差頭破血流了，還講什麼喜歡不喜歡，能解決吃飯問題就不錯了。不然的話，我就得到街頭拉小提琴賣藝糊口了。」

格羅斯曼見好朋友如此迫切，說：「告訴你，我父親跟伯爾尼專利局局長哈勒是很有交情的朋友，請他幫這個忙，應該沒困難。要知道，你是個優秀人才呀！」

愛因斯坦緊緊地握着格羅斯曼的手，說：「拜託了！」

格羅斯曼告別愛因斯坦之後，把他的情況詳細告訴了父親，父親十分欣賞愛因斯坦的才華，對他目前的處境非常同情，就給伯爾尼專利局局長哈勒寫了一封介紹信。

愛因斯坦帶着介紹信，興沖沖地登上了開往瑞士首都伯爾尼的列車。伯爾尼等待愛因斯坦的又將是怎麼樣的命運呢？

知識門

專利局：

通過法律來審批和保障創造發明者，讓他們在一定時期內由於創造發明而獨自享有的利益的專門機構。

想一想

1. 愛因斯坦在大學裏學習很不錯，為什麼畢業後找工作卻那麼困難？

2. 在尋找工作的艱苦過程中，愛因斯坦過着怎麼樣的生活？他氣餒了嗎？

四 一鳴驚人的「相對論」

愛因斯坦一下火車就直奔伯爾尼專利局，找到哈勒局長，遞上老格羅斯曼的介紹信。哈勒局長看了介紹信，又見愛因斯坦風塵撲撲、一臉疲勞的樣子，心裏也很同情他。詢問他一些基本情況之後，說：「愛因斯坦，你留下吧。」

局長的一句話，從此結束了愛因斯坦兩年來尋找工作的艱難歷程，二十三歲的愛因斯坦再也不用過那種**流浪**^①式的生活了！

這是1902年的初夏，伯爾尼專利局迎來了這個默默無聞的青年。

這個屬於瑞士政府的機構，分配給愛因斯坦的工作是檢查專利證書，並寫出專利證明。愛因斯坦每天都非常輕鬆地做完自己那份工作，空閒下來的時間，他便悄悄地搞起了自己的研究。

專利局有嚴格的制度，上班時候怎麼能搞自己的研究呢？但愛因斯坦太鍾情於物理學了，他不能白白坐在

---

① **流浪**：生活沒有着落，到處轉移，隨地謀生。

辦公室裏等待下班，白白浪費時間。

在投入研究工作時，他往往是腦子在緊張地思考，耳朵卻在傾聽着周圍的動靜，一有腳步聲，他便立即把書籍和演算草稿放進抽屜裏。

愛因斯坦甘於這樣默默地工作和研究，他對名和利看得很淡，時間對於他才是最重要的。那個少年時代就思考着的「以光遠飛向宇宙會怎麼樣？」的問題纏繞着他，也一直在激勵着他去解開它的秘密。

不久，愛因斯坦結婚了，他的妻子就是大學同學米列娃。

他們租了一個食品雜貨店老闆的房子來住，房子雖然窄小破舊，但愛因斯坦沒有停止過學習與研究。

他常常是一邊生爐子，一邊看書。房東把這個書呆子挖苦地叫做「教授」。愛因斯坦認真地說：「我不是教授，因為我太窮。」

一年後，愛因斯坦做了爸爸，兒子取名漢斯·阿爾伯特。不久，第二個孩子愛德華又出世了。這個地位低下、薪水微薄的專利員要養活四口之家，可想而知他的

知識門

以光速飛向宇宙會怎麼樣？

愛因斯坦經過長時間的研究和計算，在相對論中指出：當太空船速度快到接近光速時，太空船裏的時間會比地球上的時間慢，十年的太空旅行可在宇航員的生物時間一年內完成。就是說，地球上的時間過了十年，太空船裏只過了一年。

艱難。但愛因斯坦沒有抱怨，在貧困中盡着做父親和丈夫的責任。

假日的時候，在狹窄的街道上，人們常常看見愛因斯坦滿臉鬍子、衣衫不整地走着。他一手推着嬰兒車，一手拿着書本，聚精會神地閱讀着，有時會停下來，把書放在嬰兒車裏，掏出筆和紙寫點什麼。愛因斯坦的腦子一刻也不能放下他的研究。

和睦溫馨的小家庭，使愛因斯坦能以更旺盛的精力，投入到工作和研究中去。

愛因斯坦的研究越深入就越感到困難，因為這裏不是研究所，研究條件很差，又是單槍匹馬，沒同伴可以跟他討論商量。

後來，愛因斯坦介紹了他的同窗好友、留校任教的貝索，也來到專利局工作。

接着又有愛因斯坦的另外兩個朋友加入他們的研究行列，他們是學哲學的索洛文，還有青年數學家比希特。不久，比希特的弟弟也成了他們的一員。

他們經常到一間叫「奧林匹亞」的小咖啡館聚會，討論哲學、

知識門

奧林匹亞：

古希臘宗教聖地。位於希臘伯羅奔尼撒半島西北部皮爾戈斯城以東。宗教建築始於一千年前。公元前776年在這裏舉行首次奧林匹亞競技會。現代奧林匹克運動會就起源於這種運動會。

科學和人生問題，他們是才華橫溢、思想開放的一羣，戲稱自己這個小團體是「奧林匹亞學院」。

愛因斯坦的研究在這種濃厚的學術氣氛中，不斷進展，他正向着一個光輝的高峯衝刺。

春天又一次降臨了。一天，愛因斯坦約好友貝索晚上到他的家裏來，説：「我快要成功了！」

夜幕降臨的時候，貝索急匆匆趕到愛因斯坦家。貝索見愛因斯坦身旁放了高高的一大疊演算的草稿，臉上卻是憊疲不堪、十分頹喪的樣子，急忙問：「愛因斯坦，你怎麼了？」

愛因斯坦非常**沮喪**[①]地説：「我以為快成功了，剛剛又重新演算了一遍，結果發現全錯了，唉，全錯了！」

貝索驚訝地望着愛因斯坦，問：「問題在哪裏呢？」

「計算方法可能不對。」愛因斯坦後悔地説，「我學的數學不夠用了。」

「誰讓你在學校時只顧着攻物理學，而放棄了數學呢？」

「好了，現在吃後悔藥也遲了。你快幫幫我吧！」愛因斯坦央求貝索。

[①] **沮喪**：灰心失望的神情。

　　「你希望我怎麼幫？只要我可以做得到的，我一定盡力去做！」貝索看着這位科學道路上鍥而不捨的好朋友，真誠地説。

　　「離成功只一步之遙了，我不能放棄。推倒重來吧！」愛因斯坦堅決地説。

　　經過多少個不眠之夜，演算稿堆起來像座小山。終於有一天，愛因斯坦聲音嘶啞地對貝索説：「我可能已經發現了一個新的世界。」

　　貝索望着他布滿血絲的雙眼和疲憊不堪的神情，激動地説：「是不是推翻了牛頓的殿堂？」

　　愛因斯坦自信地説：「我相信是這樣。等我把研究成果寫成論文，你就明白了。」

　　一個月後，愛因斯坦寫的三篇論文，接連在萊比錫的《物理學記事》上發表。

　　一個默默無聞的專利局小職員，竟然一年之內在物理學的三個未知的領域裏，都取得了突破性的成就，這在科學史上的確是個奇跡！

　　這一年是1905年，愛因斯坦只有二十六歲。一顆光彩奪目的物理學新星，悄悄地升上了科學的天空。

　　愛因斯坦的論文，從根基上動搖了牛頓的絕對時間和絕對空間論。

他在論文中說：宇宙裏不存在一成不變的絕對時間，也沒有絕對空間。時間流逝的快慢和空間距離的大小，和物質的運動有着密切的關係。

在物體以接近光速的高速運動時，時間會變慢，長度會縮短。愛因斯坦提出這個新的時空觀，改變了人類對世界的看法，導致了**相對論**的誕生。

有人看了愛因斯坦的論文，弄不懂什麼叫做「相對論」，便寫信問他。

愛因斯坦告訴他們：一個人坐在一列靜止的火車上，當另一列火車從窗外駛過時，到底是哪一列火車在運動？坐在火車上的人難以判斷。這就要有個參照系數，比如所乘的車、地球或星系。

人們聽了愛因斯坦的解釋還是不太懂，又寫信請教他。

愛因斯坦舉了個例子，說：假如你拿着一隻秒錶，站在河岸上，而河裏有一隻船以極快的速度，順流而下。在那隻船上，有人相隔一分鐘放出兩個**信號彈**①。

知識門

相對論：
愛因斯坦經過十年的艱苦研究，1906年發表了《論動體的電動力學》，創立了狹義相對論。1916年又發表了光輝著作《廣義相對論的基礎》，完整地表述了他的相對論思想。

---

① **信號彈**：一種發射後產生有顏色的光或煙的彈藥，用於發放信號或通訊聯絡。

當船經過你面前，放出第一個信號彈時，你立即按下秒錶。當你看到第二個信號彈時，再按停秒錶，錶上的時間一定比一分鐘還多一點。

讀者還要追問：為什麼會這樣？一分鐘就是一分鐘，怎麼會有長有短？

愛因斯坦耐心地解釋：因為船也在動。在放那兩個信號彈時，如果船停着不動，那麼，間隔的時間，不論從船上或岸上看來，都是同樣準確的一分鐘。但由於船也在動，在河岸上測到的時間，便比在船上測到的時間要長一些了。

讀者彷彿有點明白了，問：愛因斯坦先生，那麼你的結論是什麼？

愛因斯坦説：這個例子説明，時間是相對的。運動速度越快，時鐘就越慢。而且，一切物體都會沿着它的運動方向相對地縮短。明白嗎？這就是我要告訴你的「相對論」中的一個結論，它叫做「**鐘慢尺縮**」。

記得愛因斯坦小時候坐在課室裏，經常呆呆地望着窗外，被老師訓斥為「搗亂」、「胡思亂想」嗎？

知識門

鐘慢尺縮：

愛因斯坦認為，宇宙裏沒有絕對的時間和絕對的空間。當物體以接近光速的速度運動時，時間會變慢，長度會變短，就是說運動越快，時鐘越慢。

那時，愛因斯坦想的「如果我以光速飛向宇宙，我會怎樣？」這個問題，終於由他自己找到了答案！

想一想

1. 愛因斯坦在專利局工作期間，他的研究條件是怎麼樣的？

2. 是什麼原因使愛因斯坦能在艱苦的條件下創立了轟動世界的相對論？

五 攀登科學高峯

「愛因斯坦」漸漸成了人們常常談論的名字。大家都在打聽、詢問、猜測：他究竟是什麼樣的人？

當大家知道愛因斯坦是一個只有三十歲的專利局小職員時，都驚訝得張大嘴巴：「小小一個專利局，竟冒出一個大科學家，了不起，了不起！」

愛因斯坦的名氣越來越大了。大學畢業時，曾經拒絕他留校任教的母校蘇黎世聯邦工業大學，表現得更為驚愕。克萊納**教授**[1]建議學校：「無論如何，我們應該聘請愛因斯坦回到母校來。」

克萊納教授熱情地給愛因斯坦寫了一封信。信上提了一個很好的建議：考慮到大學教授要從**講師**[2]中提拔。因此，請愛因斯坦最好先去伯爾尼大學申請做特約講師，然後再回到母校來任教。

愛因斯坦並不看重**名譽**[3]、地位和金錢，但經不住朋

---

[1] **教授**：高等院校中職別最高的教師。
[2] **講師**：高等院校中職別次於副教授的教師。
[3] **名譽**：在社會上流傳的評價。

友的勸說，為了求得一個較好的科學研究環境，便去了
伯爾尼大學任兼職講師。

　　有一天，克萊納教授來到伯爾尼大學聽愛因斯坦的
課。

　　課後，克萊納教授告訴愛因斯坦：蘇黎世聯邦工業
大學有一個物理教授的空缺，叫愛因斯坦馬上寫信去申
請這個職位。

　　申請這個職位的除了愛因斯坦之外，還有愛因斯坦
的同窗好友、留校做講師多年的亞德勒。

　　最初，亞德勒並不知道競爭教授空缺的對手是愛因
斯坦，當州政府教育署決定選擇他擔任物理學教授時，
他非常高興，多年的願望終於實現。

　　但當他知道敗給自己的竟是愛因斯坦時，他立即趕
到教育署，斬釘截鐵地說：「你們應該聘請的是愛因斯
坦，而不是我。快改變決定吧，反正我不會當這個教授
的。」

　　教育署只得重新任命愛因斯坦為物理學教授。後
來，愛因斯坦才知道這回事，心裏默默地感謝好朋友。

　　愛因斯坦此時仍在專利局工作，他的上司還不知道
自己的手下是個世界級的科學家。

　　當蘇黎世工業大學正式邀請愛因斯坦去當副教授，

愛因斯坦來辭職時，專利局局長哈勒怎麼也不相信，說：「愛因斯坦，你只是個小小的職員，請你不要開這樣的玩笑，沒有人會相信這個謠言的。」

愛因斯坦並沒有解釋，只是一笑置之。

愛因斯坦辭別了伯爾尼專利局，跟妻子米列娃一起，帶着兩個孩子，迎着1909年的秋風，踏上了返回蘇黎世聯邦工業大學的路程。三十歲的愛因斯坦終於回到母校，當上了教授！

愛因斯坦教的課很受學生歡迎。他經常鼓勵大家提出各種問題，然後對每一個問題總是耐心地講解。

他認為：只有愛動腦筋、勤奮好學的學生才會提出問題，有些問題看似古怪，説不定是一個偉大發現的開端呢！

教學和科學研究佔據了愛因斯坦絕大部分的時間，雖然他是教授，但**年薪**^①不高，因此，家庭生活並不寬裕。他的妻子對此很不滿。

愛因斯坦一心撲在科學研究之中，對物質生活毫不在意。這樣，夫妻倆便常有些不愉快的事發生。

愛因斯坦笑着對朋友説：「在我的相對論裏，空間的每一點上，都放着一隻時鐘。但是，在我那破爛的家

---

① **年薪**：按年計算的工資。

45

裏，連一個時鐘也買不起。」

1911年的春天，春風帶給愛因斯坦一個喜訊：**布拉格**德國大學寄來聘書，邀請愛因斯坦去這間學校擔任正教授。

布拉格是個美麗的城市。愛因斯坦來到布拉格大學，慕名來聽他演說的人擠滿了自然科學院的大禮堂，他的演說打動了每位聽眾的心。

愛因斯坦因為平易近人、講課深入淺出，深得學生的擁戴。

這段時間，愛因斯坦對引力問題的研究也逐漸靠近它的核心。越研究越覺得宇宙的奧秘無窮無盡。

這年秋風乍起的時候，愛因斯坦應邀參加了有二十多位世界級科學巨人出席的第一次索爾維會議。

法國的**居里夫人**、郎之萬、彭加勒、佩林；英國的盧瑟福、金斯；荷蘭的洛侖茲、昂內斯；德國的普郎克、能斯特等。愛因斯坦和哈森涅爾教授是代表奧地利參加會議的。

知識門

布拉格：

捷克斯洛伐克首都。位於南部波希米亞地區。始建於928年，1918年成為首都。城市依山傍水，古跡甚多，國家重點保護的就有二千多處。

居里夫人：

（1867～1934），波蘭物理學家。生於華沙，1895年與法國物理學家皮埃爾·居里結婚，共同致力於科學研究，發現放射性的新元素「鐳」。居里夫婦因這個劃時代的發現而獲得1903年的諾貝爾物理學獎。1911年，居里夫人因在化學方面的成就獲諾貝爾化學獎。

這是羣星燦爛的科學聚會，是世界物理精英最高級的會晤。

愛因斯坦在會上最後一個發言，他講的是有關重力的理論。他講得深刻，觀點新穎，受到科學家們的稱讚。特別是愛因斯坦還只有三十三歲，就取得了這樣輝煌的成就，讓科學巨人們一再讚歎。

普郎克聽了他的報告，説：「如果愛因斯坦的理論能被證明是正確的話，他將是二十世紀的哥白尼！」

會議剛結束，居里夫人和彭加勒便聯名給蘇黎世聯邦工業大學寫了一封推薦信。

信上説：「在我們認識的人當中，愛因斯坦是最具有創造才能的人。他雖然年輕，但已經在現代第一流的學者羣中脫穎而出了。

「尤其值得佩服的是他有一種才能，能從新穎的概念中，引導出各種結論。關於物理學上的問題，他能不為陳舊的觀念所束縛，他能看透一切新的現象，而這些都是日後必定會被證實的。他的真實價值，此後必能更

知識門

哥白尼：

（7473～1543），波蘭天文學家，日心説的創立者。生於波蘭西部維斯杜拉河畔的托倫城。「哥白尼日心説」推翻了統治歐洲一千多年的「托勒密地心説」，引起了人類宇宙觀的根本變革。

加發揮。因而，聘請他任職的大學，將會聲譽日隆。」

不久，荷蘭的萊頓大學、柏林的帝國學院，還有美國的哥倫比亞大學，都先後邀請愛因斯坦做他們學校的教授。而愛因斯坦和他的妻子米列娃，卻特別喜歡蘇黎世。那裏是他們的第二故鄉。

1912年秋天，愛因斯坦決定返回蘇黎世，在聯邦工業大學擔任正教授。

愛因斯坦的好朋友格羅斯曼也已**晉升**[①]為正教授。

兩個好朋友精誠合作，一起開始了解決「引力之謎」的探索。格羅斯曼在數學上給予愛因斯坦極大的幫忙。

正當愛因斯坦沉浸在科學的思索中，一個熱情的邀請，從柏林向他飛來。1913年夏天，炎熱灼人的下午，德國物理學界的著名科學家普郎克和能斯特專程從柏林趕來蘇黎世。

普郎克爽直地説：「愛因斯坦，我們正籌建一個威廉皇家物理研究所，希望能得到你的幫助。」

愛因斯坦猶豫了，説：「我能幫什麼忙呢？」

「想請你主持物理研究所的工作。」

「當所長？」愛因斯坦有點吃驚説。

[①] **晉升**：提高的意思，提高職位，提高工資級別。

普郎克誠懇地説：「我們還準備聘請你兼任**柏林大學**教授和普魯士科學院院士，這可是科學界的最高榮譽啊。」

愛因斯坦擔心地説：「這麼重要的職務讓我擔當，我是不是太年輕了？只怕⋯⋯」

能斯特激動地説：「像你這樣年輕和傑出的人才，是應該得到重用的。愛因斯坦先生，別擔心，我們支持你。」

愛因斯坦明白，這個職位十分理想，時間非常充裕，待遇又非常優厚，研究工作無疑是十分自由的。

而且，柏林是歐洲的學術中心，雲集了許多著名學者，可以跟他們討論、交換心得，對自己今後的研究工作肯定大有好處。

於是愛因斯坦欣然接受了這個邀請。

1914年，乘着春風，沐着春雨，愛因斯坦作為一個瑞士籍猶太人，隻身來到柏林。

妻子米列娃和兩個孩子留在蘇黎世。

這時候，愛因斯坦和米列娃的婚姻已悄悄地出現了裂痕。

知識門

柏林大學：

德國著名的大學，1809年建立。以「學術自由」、「大學自治」和「教學與研究相統一」為辦學宗旨。先後有十六位教授獲諾貝爾獎。

就在這一年的夏天，**第一次世界大戰**爆發了。

整個德國沉浸在戰爭的狂熱之中，柏林更是狂熱的中心。愛因斯坦厭惡那些飛舞在大街上的軍旗，還有那些充斥報紙的戰事報道。

而更使愛因斯坦痛心的是：一批平時不問政治，自以為清高的學者、教授，竟在血腥的戰事氛圍中，起草了一份「告文明世界書」，向世界聲明：德國並沒有發動戰爭。以此來為德國洗脫罪名，欺騙世界人民。

近一百名德國著名的科學家、藝術家和學者在「告文明世界書」上簽了名。他們想叫愛因斯坦也簽名，但愛因斯坦堅決拒絕了。他公開宣稱自己是和平主義者，反對任何形式的戰爭。

一些人對愛因斯坦的強硬態度十分不滿，幸好他的好朋友普郎克一再為他辯解：「愛因斯坦持有中立國瑞士的國籍，你們不要為難他了。」

愛因斯坦心情沉重地寫信給他的朋友們：「歐洲陷入一片瘋狂，真是令人難以想像。多麼可悲的事情，

知識門

第一次世界大戰：1914至1918年同盟國與協約國兩大戰爭集團間的戰爭。1914年6月28日的薩拉熱窩事件為戰爭的導火線。戰火遍及歐、亞、非及海上，主戰場在歐洲。最後以同盟國的戰敗告終。歷時四年零三個月，死傷各二千多萬人。

我對這一切感到遺憾和厭惡。但我決不會改變自己的立場。」

戰爭使柏林的生活更加艱難。愛因斯坦本想躲避外界的干擾，埋頭於科學研究。

由於戰亂，柏林市面上缺少食品，物價漲得驚人。愛因斯坦離開蘇黎世時，幾乎將所有的存款都留給妻子米列娃和兩個孩子，自己手頭沒有多少錢，真是難於對付。

幸運的是，表妹艾麗莎的娘家在柏林，家境比較富裕，常常接濟他。表妹艾麗莎從小就住在愛因斯坦家，兩人經常在一起，感情深厚。這時，艾麗莎已經離婚，正帶着兩個十多歲的女兒生活，便經常去看望表兄愛因斯坦。愛因斯坦有了表妹的細心照顧，心裏感到十分溫暖。

柏林的上空，戰爭的硝煙彌漫，戰爭狂人不斷地將戰事升級，繼續做着他們征服世界的春秋大夢。在隆隆的炮聲中，偉大的科學家愛因斯坦卻懷着堅強的信念，向着他既定的目標，默默地研究。雖然荷蘭萊頓大學邀請他去任教，但他還是留在柏林，因為離峯頂只有一步之遙了。

想一想

1. 當愛因斯坦取得極大成功、獲得許多榮譽的時候，他表現得怎麼樣？

2. 愛因斯坦對成功和榮譽是怎麼看待的？

六 讓太陽為他作證

誰也不會想到，即使是處身在戰爭籠罩的柏林，愛因斯坦仍然讓他的研究成果又一次震撼了世界。他在1915年完成的最新論文《**廣義相對論**的基礎》，於第二年在《物理學記事》雜誌上發表了！這篇論文一發表就引起了極大的轟動。

著名科學家玻恩讚歎愛因斯坦的廣義相對論是「人類思維最偉大的成就」。

許多物理學家驚呼：「這是全部自然科學史上最完美、最精湛的創造。」

不少科學家已經意識到了一個驚人的事實：廣義相對論取代了牛頓的**萬有引力**定律，改變了整個人類對宇宙的認識。

知識門

廣義相對論：
是把相對性原理推廣到加速運動系統，即非慣性系統而建立起來的、更具普遍性的相對性理論。也是一種時空特性依賴於運動狀況與物質分布的時空觀。

萬有引力：
力學定律之一。牛頓於1687年提出。其內容是：任何兩個物體都具有相互吸引的力量，其大小與兩物體質量乘積成正比，與兩物體質量中心距離平方成反比，方向沿兩質量中心連線。牛頓在他的《自然哲學的數學原理》一書中公布了這一成果。

　　愛因斯坦也對廣義相對論的問世，表示非常滿意，他寫信給一位同事，説：「上個月是我一生經歷中最激動而又最艱苦的時期之一，當然也是收穫最大的時期之一。」

　　物理學家們認真地閱讀着愛因斯坦的偉大論文，但論文太深奧太難懂了。愛因斯坦究竟在廣義相對論中説了些什麼呢？

　　他提出了三大預言：第一個預言，是用廣義相對論來解釋水星「近日點」的移動。天文觀測結果發現，水星橢圓軌道上最靠近太陽的**近日點**[①]，一百年來比牛頓萬有引力定律的計算值多移進了四十三秒。對於這個現象，科學家們百思不得其解，提出的種種假設都無法解釋。愛因斯坦的廣義相對論終於解開了這個謎，根據愛因斯坦的引力理論計算，水星近日點每一百年有四十三秒的剩餘進動，這與天文測量的結果完全一致。

　　第二個預言，是光在太陽引力的作用下會發生彎曲。誰也想像不到光線會彎曲，從前的人從來未作過這樣的假設，但是愛因斯坦卻大膽地向全世界這樣宣布了。他還精確地指出了光線偏轉角為一點七四秒，這個推測多麼神奇而玄妙。能不能證實呢？那要等到下一次

[①] **近日點**：指某個星球最接近太陽的地方。

日全蝕的時候，才能找到答案。

　　第三個預言，是光譜線在引力場中會向紅端移動，這一現象又稱為「引力紅移」。十年後，美國天文學家亞當斯在天狼星的光譜中，果然觀測到這種引力紅移現象。觀測結果，證實了愛因斯坦的預言是正確的。這是後話。

　　所有這些理論，都因為它的高深，而使愛因斯坦倍感孤獨，因為沒有誰能與他交流了。他想起了他最敬重的物理學大師洛侖茲，他要跟他一起討論。想到這裏，愛因斯坦迫不及待地坐火車到萊頓，去找洛侖茲。

知識門

引力紅移：
物體之間相互吸引的力，簡稱引力。在萬有引力或重力強的地方，時間會變慢了而使光的頻率減低，光將向靠近低頻率的紅色方向變化，稱為引力紅移。

光譜：
複色光通禍稜鏡或光柵後，分解成的單色光按波長大小排成的光帶。日光的光譜是紅、橙、黃、綠、藍、靛、紫七色。

　　洛侖茲告訴愛因斯坦：「你這篇論文我已經看過許多遍，我堅信這確是有創見的天才的思想。但是你的表達過於深奧，令人費解。你能不能把推導作些簡化，讓表述方式更直接易懂呢？」

　　愛因斯坦點點頭，表示十分贊成洛侖茲的意見。遠在英國的科學家對愛因斯坦的廣義相對論也產生了極濃厚的興趣。當時英國正與德國交戰，但是科學家們不理

會炮火硝煙。1917年3月，英國天文學會宣布：1919年5月29日在大西洋一帶地區將會有**日全蝕**發生。愛丁頓爵士是支持廣義相對論的，他想用日全蝕觀測的結果來證實愛因斯坦的理論。

當時，德國的潛艇正封鎖着**英吉利海峽**，英軍士兵正奮力抵抗德軍的侵略，英德是勢不兩立的敵對國，英國許多人反對花這麼大的代價，去驗證愛因斯坦的理論。

愛丁頓是世界有名的天文學家，他明確表態：「科學是全世界的，是屬於全人類的。況且，愛因斯坦本人是反對這場戰爭的。我們觀測日全蝕的計劃不會改變。」

1919年3月，分別到巴西北部的索布拉爾和非洲幾內亞灣的普林西比島的兩支考察隊，帶着各類精密儀器出發了。

愛丁頓率領的一支隊伍，4月份到了普林西比島，一切準備停當。5月29日那天，日全蝕開始了，助手們不斷

地換着底片，每隔一段時間便拍一張照片。

愛丁頓注視着天空中的太陽，那景象真是壯觀，現在，紅太陽已經變成了黑色的太陽，它的亮圈外噴着一團驚人的**日珥**。整個寂靜部小島，籠罩在神秘的氣氛中。

在五分鐘的日全蝕時間中，他們一共拍了十六張照片，更令愛丁頓激動不已的是，當日全蝕即將結束時，雲層漸漸向四周散開，天幕上竟露出了閃閃爍爍的星星。最後一張照片真是妙極了，把太陽邊緣的星星也拍得非常清晰。愛丁頓開心得像小孩子似地喊道：「哈，我們把星光也拍到了！」

愛丁頓按捺不住激動的心情，他馬上把一張從倫敦帶來的沒有日全蝕的星空照片重疊在一起，固定在測微器乳白色的照明板上。

等待已久的結果出現了，愛丁頓看到一幅令他欣喜萬分的圖景：口全蝕底片上的恆星確實發生了位移！他反覆看了又看，沒錯！

經過幾次測量，位移的角是一點六十一秒——這正好與愛因斯坦的理論相吻合。後來索布拉爾考察隊傳來

知識門

日珥：

太陽表面上紅色火燄狀的熾熱氣體，由氫、氦、鈣等元素組成。日全蝕時肉眼能看見，平時要用分光鏡才能看見。

的結果是一點九八秒，兩者平均為一點七九秒，基本上與愛因斯坦預言的一點七四秒一致。

「星光真的彎曲了！」愛丁頓高興得幾乎瘋了，這證明愛因斯坦的廣義相對論的理論是完全正確的。

太陽為愛因斯坦作了證明！

這個觀測結果暫時保密。但洛侖茲老先生早就打探出來了，他立即向愛因斯坦拍了電報：「愛丁頓確已發現在太陽邊緣的星光發生**位移**①！」

愛因斯坦笑了，這結果是他早已預料到了的。

直到十一月，英國皇家天文學會和皇家學會聯合舉辦報告會，才向世人公布了愛丁頓考察隊的觀測結果。會議主持是皇家學會會長、著名的湯姆遜教授，他莊重地說：「相對論是人類思想史上最偉大的功績之一。這並不是發現一個海上的孤島，而是發現了一個新科學思想的新大陸！」

這些話傳遍了全世界。

愛因斯坦也一夜之間成了轟動世界的名人！無數熱心的人，從世界各地寄來大量信件，有的向他請教各種科學難題，有的發出熱情的邀請，希望愛因斯坦可以去為他們講學；愛因斯坦的照片上了各大報刊，成了風頭

---

① **位移**：物體在運動中所產生的位置的移動。

最勁的封面人物；**荷里活**也願意出
高額酬金，想拍一部關於愛因斯坦
的電影。

　　愛因斯坦常常被記者、攝影師和
愛湊熱鬧的人包圍得嚴嚴實實。他住
的**公寓**被擠得水洩不通。愛因斯坦是
喜歡寧靜生活的人，實在受不了這樣
的折騰。每當這時候，已成為愛因斯
坦夫人的艾麗莎便出來解圍：「讓我
來應付吧。」

　　愛因斯坦與米列娃已於1919年2
月正式離婚，並於同年6月與表妹艾
麗莎結了婚。艾麗莎溫柔體貼，她因
為從小與愛因斯坦生活在一起，十分
了解他的脾性，因此，他們相處得非
常和諧幸福。

　　從此，艾麗莎便負責出面應付各
種來訪者。可是沒有辦法，到處都邀
請愛因斯坦，講課呀，照相呀，會見
誰呀，甚至千里迢迢專門來看他的風采，或在講課後衝
上講台搶愛因斯坦用過的粉筆頭，留作紀念。更有意思

知識門

荷里活：
美國洛杉磯西北部的
影城。世界最大的影
視工業中心。美國電
影業的代稱。因天晴
日麗，宜於拍攝，
二十世紀初起源於東
部的電影業向此集
中。1915年新片《一
個國家的誕生》推出
後，影城譽冠全美。
1925年生產出第一
部有聲片後，名揚全
球。

公寓：
是指租期較長、房租
論日計算的旅館，住
宿的人多半是從外地
來工作或求學的人。
也指能容納許多人居
住的房屋，多為樓
房，房間成套，設備
較好。

的是，當時出世的嬰兒，許多都取名「愛因斯坦」，街上還出現了「愛因斯坦式」雪茄①和「相對論牌」香煙。

面對這一切，愛因斯坦將怎麼辦呢？

想一想

1. 日全蝕是怎樣驗證了愛因斯坦的「廣義相對論」的？

2. 在巨大的成功面前，愛因斯坦如何面對狂熱的崇拜者？

---

① **雪茄**：用煙葉捲成的煙，形狀比一般的香煙粗而長。

七 名人沒有避風港

榮譽、鮮花、讚美包圍了愛因斯坦。

許多國家熱情邀請的信函一封接一封，這個說請他去講學，那個說請他去訪問。

當時，第一次世界大戰剛剛結束，歐洲是這次大戰的戰場，放眼四望，到處都是廢墟一片。各個交戰國之間咬牙切齒、仇恨滿胸。

在這種情況下，愛因斯坦接不接受各國的邀請呢？他想：我要以一顆博大高尚的心靈，以科學家與**和平使者**[①]的雙重身分去訪問，把和平、友好和科學帶到各國。

不顧各種情緒的干擾，不顧戰爭帶來的種種後遺症，愛因斯坦帶着簡單的行李出發了。

「先到萊頓城去吧。」愛因斯坦首先到了這個古老而恬靜的城市。他又見到了尊敬的洛侖茲教授，老朋友相見，無所不談，人類的命運、科學的命運，都是兩位偉人關心的話題。當時，荷蘭女王也在萊頓城視察，特地來會見了愛因斯坦。

[①] **和平使者**：為和平而工作和活動的人。

應巴黎**天文台**①的邀請，愛因斯坦接着去巴黎。他身穿一套舊衣服，身邊只帶了一個手提包和一把小提琴，坐在三等車廂裏，活像一個流浪藝人。車到巴黎時，**東道主**②專門派了兩個人去迎接，可是在豪華的一等車廂裏，卻不見愛因斯坦的身影。他們到處尋找，忙得團團轉，也沒有接到愛因斯坦。

這時，愛因斯坦已經下了車。在月台上，卻碰見了老朋友索洛文先生。

「哎呀，愛因斯坦，你在這裏呀，你可千萬不要從站口出去。」索洛文在人聲嘈雜的月台上大聲向他喊道。

愛因斯坦十分愕然，問：「發生什麼事了！」

「外面黑壓壓的一大片人，都是來歡迎你的。要是你被他們包圍住，可就麻煩了。」

「那我怎麼辦！」愛因斯坦急了。

「你跟着我，咱們從旁門悄悄地出去。」索洛文拉着愛因斯坦的手躲過人羣，從廁所的窗口爬出去，乘上一輛出租車，向巴黎天文台直奔而去。

在巴黎的日子裏，愛因斯坦見到了不少老朋友，

---

① **天文台**：測日月星辰等天體在宇宙間分布、運行等現象，以及研究天文學的機構。

② **東道主**：請客的主人。

也結識了許多新朋友。他在法蘭西學院作了一次公開演說，會場十分隆重且盛大，連著名的朗之萬和居里夫人也到了。但也有一些法國人由於受到狹隘情感的左右，當居里夫人和朗之萬聯名推薦愛因斯坦為巴黎科學院名譽院士時，有三十多人反對，理由是因為愛因斯坦來自德國。

愛因斯坦一向對名利毫不在意。他驅車前往郊外，憑弔了大戰時的戰場，他看見的是一片灰黑狼藉的廢墟，心情沉重地說：「應該讓全德國的學者都來這裏看看。」

當1921年新年過後，愛因斯坦來到了十年前曾任教的布拉格。他住在老朋友法蘭克教授家裏，法蘭克夫人見到愛因斯坦時驚訝地問：「一個大科學家，衣着怎麼可以這樣隨便？」「這有什麼不好呢？」愛因斯坦滿不在乎地笑着說。

給聽眾演講時，愛因斯坦就是穿着那套樸實的舊衣服的。演講之後，主持人請愛因斯坦吃晚飯，愛因斯坦笑着說：「為了表達我此時此刻的心情，讓我用小提琴為大家演奏一曲，好嗎？」

愛因斯坦嫻熟地演奏了莫札特的

知識門

莫札持：

(1756~1797)，奧地利作曲家。幼年時便開始作曲並演奏。

奏鳴曲，那動聽的樂曲使大家如醉如癡，引起一陣陣熱烈的掌聲。

第二天，布拉格一家報紙刊登了這個小插曲：晚宴上，愛因斯坦藝驚四座；世界第一流的物理學家，也是第一流的小提琴家。愛因斯坦讀到了這則消息，幽默地笑笑，說：「我認為我的小提琴水平，大大地超過了我的物理學水平。」

這一年的四月，愛因斯坦還攜夫人一起來到了美國。一踏上美國的土地，他就被熱情的人們和記者團團包圍住了。他們乘坐的汽車開進市區時，沿途站滿了激動的羣眾，他們手揮小旗，高聲喊叫，爭睹巨人的風采。

看見如此興高采烈的場面，愛因斯坦露出了純真的笑容，他小聲地對妻子說：「相對論可能是今年最流行的時裝。」

美國國會的議員們也颳起了「相對論旋風」；美國總統親自接見愛因斯坦；愛因斯坦先後四次到普林斯頓大學做學術報告，該校授予愛因斯坦「**名譽博士**[①]」學位。

[①] **名譽博士**：根據學術成就或對國家、社會所作的貢獻而授予的一種榮譽學位。這種學位的授予不需要考試和論文答辯。

英國是愛因斯坦訪問的最後一站。他對英國懷有深深的敬意，因為偉大的科學家牛頓、**法拉第**、麥克斯韋的故鄉就在這裏。在英國期間，有一個很有意思的小插曲，那是愛因斯坦與大文豪**蕭伯納**的交往。報紙上刊出了一幅漫畫，畫面是愛因斯坦和蕭伯納喝午茶，配有兩行對話：

蕭伯納問：「愛因斯坦先生，你是不是真正了解你自己創立的相對論呢？」

「嗯，也不過就像你了解你劇中人物的對話那種程度。」愛因斯坦幽默地答道。

為了表示對愛因斯坦的歡迎，皇家學會舉行了盛大的歡迎會。由於對德國的仇視，加上愛因斯坦用德語演說，會場開始時顯得很冷清。

當霍爾登爵士致歡迎詞，說到「毫不誇張地說，愛因斯坦正是二十世紀的牛頓」時，禮堂裏的掌聲很零落。

知識門

法拉第：

（1791～1889），英國物理學家。生於英國倫敦貧寒人家，十二歲便到書店當學徒工。後在戴維的幫助下，來到皇家科學院做實驗工作。從實踐中得到許多新的發現，為電磁場理論的建立奠定了基礎。

蕭伯納：

（1856～1950），愛爾蘭作家。生於愛爾蘭都柏林。一生創作劇本五十一部，反對「為藝術而藝術」的觀點，主張反映社會問題。一九二五年獲諾貝爾文學獎。

　　隨後，愛因斯坦從容地走上講台，他落落大方地說：「女士們，先生們！我今天能有機會在科學巨人牛頓的祖國做一次演講，我的內心感到非常愉快。我堅信，科學家有自己的祖國，但科學是沒有國界的；牛頓是英國人，但是，他的偉大科學成就是屬於全世界的。」

　　接着，愛因斯坦向聽眾講述了自己的理論，在他詼諧生動的講解中，大家被他的熱情和天才深深打動了。雷鳴般的掌聲和激動的歡呼聲，表示出他的演說的成功。

　　然而，在愛因斯坦的祖國，卻有一小撮德國**民族主義分子**[1]和**排猶分子**[2]，對愛因斯坦進行誣蔑和攻擊。愛因斯坦有猶太血統，他厭惡戰爭，熱愛和平，強烈反對軍國主義。他便成了德國反動勢力的眼中釘。

　　以柏林的勒納德為首的一夥物理學家，於1920年8月在柏林音樂廳舉行了一場「反相對論大會」，歇斯底里的反對派，被正氣凜然的愛因斯坦鎮住了，反對大會黯然收場。一個月以後，勒納德教授又在瑙海姆溫泉向

---

[1] **民族主義分子**：這裏指只為自己種族利益而排斥和打擊其他民族的人。

[2] **排猶分子**：仇視和排斥猶太人的人。

愛因斯坦發起挑戰，他們進行了一次公開辯論。聽眾是第一流的學者，由德高望重的普朗克擔任主持。結果，勒納德被愛因斯坦批駁得灰溜溜地走了。

愛因斯坦成了**納粹黨**的目標。妻子艾麗莎非常擔心他的安全，整個世界也在關注着愛因斯坦的安危。許多國家都發來邀請信，請他離開德國，到他們國家去訪問或工作。

在親人、朋友們的反覆勸說下，愛因斯坦決定暫時離開充滿仇視的德國。他攜同夫人前往遙遠而神秘的東方，在去日本的途中訪問了中國。1922年11月14日，他們踏上了中國的土地，在上海逗留了兩天。就在他乘的「北野丸號」還在大海航行的時候，瑞典皇家學會宣布1921年的**諾貝爾獎**物理學獎項

知識門

納粹黨：

即德國國家社會主義工人黨。其前身為成立於1918年的德意志工人黨，1919年希特勒加入，改此名。第二年歸希特勒領導，1933年獲得政權。統治期間，建立了法西斯軍事專政，肆意對外侵略，挑起第二次世界大戰。1945年被宣布為非法而終止。

諾貝爾獎：

瑞典化學家諾貝爾（1833～1896），生於斯德哥爾摩。發明炸藥、雷管、地雷，是瑞典皇家科學院會員，一生共獲得三百五十多項發明專利。1895年在巴黎寫下遺囑，決定將他遺產的一部分共九百二十萬美元作為基金，以基金利息分設物理、化學、生物、醫學、文學及和平事業五種獎金，1968年增設經濟學，獎給那些為人類作出了貢獻的人。1901年開始，每年12月10日（諾貝爾逝世日）頒發。

得主為愛因斯坦。離開中國之後，他們去了日本，日本天皇接見了他們。回國途中，又去訪問了巴勒斯坦和西班牙。

但是無論走到哪裏，愛因斯坦心裏想的是早日回到自己的祖國去。那裏有他的親人、家園、朋友，還有他畢生的事業。但是，愛因斯坦還能回到自己的祖國嗎？

知識門

巴勒斯坦：

地處歐、亞、非三大洲交界處，與黎巴嫩、敍利亞、約旦、埃及為鄰，西臨地中海。面積二萬七千平方公里。

西班牙：

位於歐洲西南部伊比利亞半島上，北瀕比斯開灣，西北、西南臨大西洋，東和東南濱地中海。陸地疆界同法國、安道爾、葡萄牙為鄰，南端隔着直布羅陀海峽同北非的摩洛哥相望。面積五十萬四千七百平方公里。首都是馬德里。

想一想

1. 德國的納粹分子為什麼那麼憎恨愛因斯坦？

2. 各國政府和人民為什麼那麼歡迎愛因斯坦？

八 躲在郊外的生日宴

愛因斯坦終於回到了他心牽夢繞的德國。

為了科學事業後繼有人，他積極提攜青年學者，推薦他們的論文到雜誌發表，鼓勵他們向科學高地進軍。

在挑選助手的時候，流傳着愛因斯坦這樣的故事：1921年，愛因斯坦同威茲曼一起去美國，有人問他：「愛因斯坦先生，您要求的助手是怎麼樣的呢？是不是像**愛迪生**那樣，要什麼問題都能回答？」

當時，不少好奇的大學生也經常問這個問題，他們都渴望知道愛因斯坦選擇助手的標準。有一次，一些美國學生圍着愛因斯坦，七嘴八舌地問：

「愛因斯坦先生，您記得**聲速**

是多少？」

「您的記憶力一定很好吧？您是怎麼記住的？」

「您是不是把所有的東西都記在筆記本上，隨身攜帶着？」

愛因斯坦看着這些可愛的美國學生，知道他們想考考他，試圖看看一個科學家的腦子裏究竟裝了多少知識。

愛因斯坦不慌不忙地說：「我要告訴你們，我從來不帶什麼筆記本，我要保持的是自己頭腦的輕鬆，以便在研究問題時有充分的精力。至於你們提出的聲速之類的問題，我一下子很難回答出來，需要查查辭典。你們知道嗎，我從來不去記辭典上可以查到的東西。」

好奇的學生們驚訝極了，一個世界級的物理學大師，竟然對聲速之類這麼簡單的問題都答不上。他們追問：「愛因斯坦先生，那麼，您不記這些簡單的知識，您的頭腦裏記什麼？」

「我記書本上還沒有的東西！」愛因斯坦回答得很干脆。「只是死記硬背書本上的東西，什麼事件、人名、公式等等，那是最簡單的，根本用不着上大學。我認為，高等教育更重要的是培養學生思考和探索問題的能力。人們解決世界上的問題，不是**照本宣科**[①]所能奏效

[①] **照本宣科**：照着本子讀。形容只是死板照唸，不能結合實際，缺少靈活發揮。

的，而是要靠大腦的思維和智慧。」

「噢，我們懂了。」學生們恍然大悟，「愛因斯坦先生，您要求助手的首要條件是具有創造性和敏銳的思維，而不是背得出多少書本上的知識。」

愛因斯坦在研究和與學生的交往中，度過了寒冷的冬天，在柏林迎來了1929年的春天。

一天，愛因斯坦的妻子艾麗莎對他說：「親愛的，快到3月14日了。」

愛因斯坦疑惑地望着艾麗莎，問：「3月14日怎麼啦？」

「你忘了，你的五十歲生日呀！」

愛因斯坦苦笑了一下，說：「這麼快就五十歲了？」

「聽說朋友們都在為你張羅，要在那天搞得花團簇錦、熱鬧非凡，來個盛大的慶祝活動。記者們也已聞風而動，要把生日那天的報道弄得精彩些。」艾麗莎說。

愛因斯坦一聽，便馬上擺手說：「你知道，我一向喜歡安靜、淡泊。跟家裏的人過個簡樸的生日就行了，為什麼要搞大排場呢！」

愛因斯坦想到，那大羣的記者和熱情的賀客一來，把自己團團圍住，又要簽名，又要合照，還要沒完沒了

地提問題，那就麻煩了。

愛因斯坦在屋子裏踱來踱去，終於想到一個「**金蟬脫殼**①」之計。

生日前幾天，愛因斯坦悄悄地搬到了郊區，在一座湖濱小樓裏躲了起來。

湖光山色盡收眼底，愛因斯坦難得有這樣安逸的環境，真是心曠神怡！

在家裏應付來訪客人的艾麗莎，卻忙得不可開交，接踵而來的客人，一個勁地問：「愛因斯坦教授呢？怎麼幾天不見他的影子？」

問得多了，艾麗莎頂不住了，幾乎洩露了「秘密」。

好在有愛因斯坦那個精明能幹的秘書杜卡斯女士擋駕，解釋説：「教授一向喜歡安靜，前幾天一個人跑到郊區去了，我們也不知道他的具體地點，真對不起！」

杜卡斯熱情招呼客人的時候，艾麗莎悄悄地跑到愛因斯坦那裏去了。

她精心做了許多好吃的菜，他們的女兒、女婿們帶着各種漂亮的禮物來到愛因斯坦身邊。

一家人親親熱熱地團聚一起，為愛因斯坦祝賀五十

---

① **金蟬脫殼**：蟬的幼蟲脫殼後變為成蟲，殼留下，蟬飛走。比喻使用計謀脫身溜走，使別人不能及時發覺。

大壽。生日宴會十分歡樂融洽。

愛因斯坦一家在郊外度過了幾天安靜美好的時光，回到城裏時，發現家裏堆滿了小山似的生日禮物。

送禮的人上自總統、**勳爵**①，下至平民百姓、青年學生，其中有交往多年的老朋友，也有素不相識的陌生人。

從各國寄來的生日卡、賀電和信件，更是堆得到處都是。

美國有一個猶太團體送給愛因斯坦的禮物最獨特，他們在巴勒斯坦買了一塊土地，在愛因斯坦生日那天，種了一片小樹林，等樹木長大成林之後，就命名為「愛因斯坦森林」。

艾麗莎高興地說：「這可真是件好禮物！」

愛因斯坦的事業和生活，是否就從此一帆風順呢？

---

① **勳爵**：朝廷賜予功臣的爵位。在英國，是貴族的一種名譽頭銜，由國王授予，可以世襲。

想一想

1. 愛因斯坦過生日為什麼要躲在郊外？

2. 這麼多人給愛因斯坦祝賀生日，說明了什麼？

九 研究院的終身教授

愛因斯坦度過了五十歲生日後，又孜孜不倦地進行他的研究工作。

1932年，希特勒領導的德國納粹黨，成了德國國會的第一大黨，他覺得自己已經有了實力，就要實現他的狂妄野心了。

大家都明顯地感到了柏林將有一場大風暴來臨。

這一年的秋天，愛因斯坦應美國加利福尼亞理工學院院長密立根的邀請，去加州講學。他和夫人一起，提着行李箱，走出了他們的住所卡普特別墅。本來，愛因斯坦每年冬季都去講學的，但這一次，他有一種不祥的預感，所以心情特別沉重。

愛因斯坦走下台階的時候，一種依戀不捨的情緒緊緊地圍繞着他，他一次次地回頭望着朝陽照耀下的別

知識門

希特勒：

（1889～1945），納粹德國元首，發動第二次世界大戰的元兇之一。生於奧地利布勞瑙。1919年9月加入納粹黨，1921年成為該黨主席。1933年被總統任命為總理，建立起法西斯獨裁統治，後發動第二次世界大戰。1945年戰敗前夕，躲在總理府地下室內，4月29日自殺，屍首焚毀。

墅，那個曾經那麼安寧、那麼溫暖的家。

他傷感地對艾麗莎說：「親愛的，多看幾眼我們的小別墅吧！」

艾麗莎聽出了丈夫不同尋常的語氣，覺得很奇怪，笑着說：「你今天怎麼啦，好像我們一去不復返了。」

「唉，」愛因斯坦歎了口氣，「你應該感受得到籠罩在柏林上空那越來越可怕的烏雲。暴風雨快要來了。」

艾麗莎的心頭驟然一緊，情不自禁地向那幢令人留戀的小別墅久久地望着。愛因斯坦拉着妻子的手，說：「走吧！」

懷着對家園的無限眷戀，愛因斯坦夫婦乘船橫渡大西洋，穿過**巴拿馬運河**，最後，到了美國西海岸，走進了**加州理工學院**。愛因斯坦給學生們講授相對論，並進行研究工作。

就在這期間，希特勒擔任了德國總理，他控制了國會，公開宣稱：「德國是德國人的德國」，對生活在德國境內的猶太人，開始進行大規模且殘酷無情的迫害。

知識門

巴拿馬運河：
最著名運河之一，溝通大西洋和太平洋。位於巴拿馬中部，全長81.3公里。1881年開鑿，1914年完工，1920年正式通航，被譽為「世界第八奇跡」。

加州理工學院：
美國著名的私立理工學院。1920年以來，先後有二十人獲得諾貝爾獎。

愛因斯坦是猶太人中最偉大的科學家，首先成了希特勒的眼中釘，希特勒宣布：相對論是「猶太邪說」，辱罵愛因斯坦是「猶太國際陰謀家」。

愛因斯坦知道局勢更加惡化了，他馬上通知普魯士科學院，原定從加州返回柏林以後的學術講演，決定取消了。

過了幾天，愛因斯坦離開了加利福尼亞州，乘火車去了紐約，而沒按原計劃返回德國。

《紐約世界電訊》的記者採訪了他，愛因斯坦聲明：「德國弄成這個樣子，我再也不會踏上德國的土地了！」並宣布放棄德國**公民權**[①]。

就在愛因斯坦夫婦坐客輪準備去**比利時**避難的途中，他收到消息，說他心愛的卡普特別墅被納粹黨徒查抄了，愛因斯坦的家鄉烏爾姆鎮以愛因斯坦命名的街道也被強制性地改了名。

愛因斯坦望着波濤洶湧的大海，為祖國被希特勒為首的納粹分子這樣蹂躪而深深歎息。

愛因斯坦夫婦受到比利時人的熱烈歡迎。

知識門

比利時：

歐洲的一個國家，面積3.05萬平方公里，一千多萬人口，首都在布魯塞爾。

[①] **公民權**：根據國家憲法公民所享受的權利。

他們是作為比利時國王和王后的客人來避難的。

愛因斯坦一直記掛着親人，他給柏林的寓所打電話，女傭告訴他：愛因斯坦的大女兒已逃到荷蘭，二女兒同俄國丈夫也已離開柏林，到法國避難去了。家人安全轉移，使愛因斯坦夫婦放下了一顆懸空的心。但女傭又告訴愛因斯坦：他在銀行的存款被全部沒收了；納粹衝鋒隊員還洗劫了卡普特別墅，企圖找到愛因斯坦「謀反」的證據；猶太人受到越來越殘酷的迫害，不少猶太人已慘遭開除、搶劫、毆打和殺害。愛因斯坦聽到這些消息，感到痛心疾首。

後來，愛因斯坦本人也成了納粹黨迫害的最大目標，連他的相對論著作也被無情地燒燬了。他感到無比憤慨。

比利時的這個海濱小城，也逃避不開納粹的魔爪。愛因斯坦的隱居，並不能使希特勒甘心，他以兩萬**馬克**[①]的懸賞，要取愛因斯坦的腦袋。愛因斯坦聽到這個消息，摸摸自己的頭，幽默地笑笑，說：「兩萬馬克，我的腦袋真的值那麼多錢嗎？」

愛因斯坦不管外面的風風雨雨，每天照樣到海灘散步，拾貝殼，捉螃蟹。海風吹拂着他灰白的長髮，他

[①] **馬克**：德國的本位貨幣。

望着大海深沉地思索着。回到別墅裏，他埋頭於他的研究，拉他的小提琴，那優美的旋律，使他完全忘記了這個瘋狂而殘酷的世界。

艾麗莎不像愛因斯坦那樣若無其事，她非常擔心愛因斯坦的安全。她勸他説：「親愛的，我覺得這裏也不安全，比利時離德國太近了，什麼事都可能發生。」

愛因斯坦沒有回答。

不久，愛因斯坦的一個老朋友法蘭克，四處打聽才找到愛因斯坦的住所。這真是一件驚人的事，因為警方嚴禁附近居民透露愛因斯坦的行蹤。

老朋友相見，分外高興，兩個人互相拍着肩膀，像小孩子一樣哈哈大笑。

「愛因斯坦，這裏潛在着極大的危險，我建議你另找一個安全的地方。」法蘭克教授説。

「是呀，我們離開這裏吧！」艾麗莎趁機勸道。

愛因斯坦聽從朋友和夫人的勸告，在警方的嚴密保護下，悄悄地去了英國。短暫停留之後，他們又秘密登上開往美國的「西部號」客輪。一同前往的還有助手梅厄博士和秘書杜卡斯女士。

除了警衞，沒有任何人知道這次極為秘密的旅行，愛因斯坦和夫人悄然上了輪船。愛因斯坦想起前段時間

被記者和人羣包圍的情景，幽默地說：「要不是納粹分子的**通緝**①，我們怎麼能享受這份從容和清靜？」

但其實愛因斯坦心裏並不平靜。他望着波濤翻滾的大海，望着飛舞的海鷗，心裏百感交集：自己被迫離開了自己的祖國，離開了歐洲，還能回來嗎？

兩年前，美國普林斯頓高等研究院的創辦者弗萊克斯納，就想聘請愛因斯坦到研究院任教。得知愛因斯坦來了美國，十分高興，馬上去拜訪了這位世界聞名的科學巨人。經過三番四次地長談，終於說服愛因斯坦來普林斯頓高等研究院任終身教授職位。

接下來是確定薪金的問題。弗萊克斯納想到愛因斯坦聲名卓着，給多少年薪好呢？他會不會開價太高：他試探着問：「愛因斯坦先生，您希望要多少年薪？」

愛因斯坦低着頭想了想，說：「年薪三千美元吧！」

弗萊克斯納以為聽錯了，反問：「三千美元？」

「對。」

弗萊克斯納以為愛因斯坦會開個很高的數目，誰知他只要那麼幾千元，便急忙擺手說：「不行，不行，太低了。這麼低的薪金與高等研究院的地位不相稱呀。如

---

① **通緝**：有關機關發出搜捕的通令。

果您這麼有名氣都拿低薪金，其他教授怎麼辦呢？」

愛因斯坦笑了笑，問：「那您看呢？」

經過一番商量，最後確定年薪一萬六千美元。

這是1933年的深秋，愛因斯坦終於來到了普林斯頓，正式成為高等研究院的終身教授。

從此，愛因斯坦便開始了新的生活，研究工作也不斷取得進展。每天傍晚，人們總會看見一個老學者在街上悠閒地散步，他就是愛因斯坦。一天，一個金髮小姑娘背着書包，蹦蹦跳跳地回家，突然，迎面走來一個老人，小姑娘覺得他很古怪，便站在林蔭道上望着他。只見他一頭蓬鬆的花白頭髮，滿臉皺紋，鼻子很大，嘴上留着粗粗的鬍子，身上穿着一件寬大的外套，更怪的是他走路時一直凝視着路面，不知他在想着什麼。

老人走着走着，發現面前站着一個小姑娘，便朝她和藹地笑笑，然後踏着拖鞋繼續往前走。小姑娘非常驚訝，心想：他是不是從童話書中跑出來的古怪老爺爺呢？

吃晚飯的時候，小姑娘把遇到一個古怪老人的事向家裏人說了，父親聽完她詳細的描述之後，說：「我的孩子，你真幸運，今天你見到的是世界上最偉大的科學家，他的名字叫做愛因斯坦。」

　　愛因斯坦夫婦在梅賽爾街買了一幢白色而簡樸的木房子，有後花園，還種了很多花，環境很清靜優雅。艾麗莎把房子布置得十分雅致，在書房裏掛上了牛頓、法拉第、麥克斯韋等偉大科學家的畫像，還有愛因斯坦母親和妹妹瑪雅的合照。

　　愛因斯坦在這樣的環境中，暫時忘記了瘋狂殘酷的德國，把全部精力和時間，投入到研究工作中去。

　　科學是永遠年輕的事業，愛因斯坦還有多少課題要研究啊！

想一想

1. 愛因斯坦為什麼要離開自己的祖國——德國，而移居到美國去呢？

2. 愛因斯坦在美國過着怎麼樣的生活？

十 走向生命的終點

愛因斯坦不知疲倦地工作着，累了，他便拿起他心愛的小提琴，拉一段優美的樂曲，然後，又投入緊張的研究工作中。

在普林斯頓度過了平靜而愉快的三年之後，迎來了寒冷而悲哀的1936年的冬天。艾麗莎夫人病倒了，太多的**顛沛流離**^①、憂慮不安，這位善良的女人終於支撐不住了，她病得很重。愛因斯坦盡心盡力地照料着夫人，希望有那麼一天，她能重新健康地站起來，挑起這頭家。

但是，艾麗莎太虛弱了，她的生命在一點一點地耗盡。12月，艾麗莎病逝，她悄悄地離開了人間，離開了她深愛的愛因斯坦。

愛因斯坦悲痛欲絕，為了不讓那些關心他的人們，以及熱心的傳媒來打擾艾麗莎的安寧，他委託朋友發表了下述的聲明：

「愛因斯坦及他的家族，希望各位朋友能體諒他們

---

① **顛沛流離**：形容流落他鄉，東奔西走，生活艱難窘迫。

失去至親的悲痛心情，不要打擾他們。」

愛因斯坦帶着他的女兒，把艾麗莎夫人的遺體悄悄地送到了普林斯頓近郊的墓園裏。

夫人去世幾天以後，愛因斯坦忍受着極大的悲痛，又走進了研究室，他一下子顯得蒼老了許多，眼睛布滿了血絲，白髮更蓬亂了。

1939年的新年剛過，**第二次世界大戰**正在瘋狂地展開。愛因斯坦聽到一個令人吃驚的消息：有科學家已經按愛因斯坦相對論的公式 $E=mc^2$ 計算，使鈾原子核在中子轟擊下分裂成兩半，如果原子裂變不斷地發生下去，產生連鎖反應，那將會發生非常可怕的情況。假如希特勒根據這個發現，製造出破壞力巨大的原子彈，那就是全人類的大災難。

愛因斯坦心急如焚，在朋友們的鼓動下，親自於

知識門

第二次世界大戰：

人類歷史上空前規模的世界戰爭。1939年9月1日德軍突襲波蘭。3日，英法對德宣戰，戰爭全面爆發。此前，日本已於1937年發動全面侵華戰爭。1940年德國在西線發動閃電戰。1943年意大利投降。1945年蘇軍攻克柏林，德國投降。8月蘇聯對日宣戰，美國在日本廣島、長崎投下兩顆原子彈，9月2日日本投降，大戰結束。先後有六十多個國家二十億人口捲入這場戰爭。

$E=mc^2$：

這是著名的愛因斯坦方程。公式的含義是：一切物質都含有與質量（m）乘以光速（c）平方相等的能量（E）。表示在物質裏有很大的能量。

89

1939年8月，向當時的美國總統羅斯福寫了一封信，引起了總統的高度重視。於是，全美國的有關科學家都被動員起來，並撥下大量經費，加緊研究原子彈。另外，還有英國、丹麥等國家的一些科學家，也都主動投入了這個工作。他們只有一個目的，就是保衛世界和平。

1942年底，原子彈研製成功。科學家們這時發現，納粹黨對於原子彈的研究，並不是他們原來所擔心的那樣可怕，而不久，希特勒又垮台了。按理，作為抑制法西斯德國而研製的原子彈，可以因此而自行中止了。可惜，這項工作在美國已無法控制。三年後，第一顆原子彈投放到日本廣島，**廣島**在爆炸聲中化為一片焦土。過了兩天，又在日本長崎投放了第二顆原子彈，幾十萬日本居民成了戰爭的犧牲品。

聽到這個消息，愛因斯坦心痛極了，科學原本是用來造福人類的，可現在，他嘔心瀝血研究的成果，卻給人類帶來了災難。他深深地自責，後悔寫了那封給羅斯福總統的信。

1948年，六十九歲的愛因斯坦患了重病，身體虛

知識門

廣島：

日本港市。位於本州島西南部。1589年築城，1868年起為軍事中心。二次大戰中有日本重要的軍事設施。1945年8月6日英國在此投下一顆原子彈，成為世界上第一個受原子彈攻擊的城市。

弱。有一天，他的學生和助手英菲爾特來醫院探望，親切地詢問：「愛因斯坦先生，現在好些了嗎？」

愛因斯坦樂觀地一笑，說：「很好。剛動了手術，身體不能動，但我的腦子很靈活，不斷地思考着呢！」

「教授，多休息吧。您還需要什麼嗎？」

「我什麼都不需要，最需要的是時間，讓我從從容容地把那些研究成果整理好。」

1949年3月，愛因斯坦度過了七十歲的生日。他壯心不已，仍然孜孜不倦地工作着。這一年的冬天，他完成了研究電磁力與萬有引力關係的「**統一場論**」。這是他晚年刻苦研究的結晶。

1952年，愛因斯坦年近古稀。他已經退休，但每天大約十點半，他都要步行到高級研究所，對着他寫在小黑板上的一行行公式出神，陷入無休無止的研究中。中午，他步行回家。下午，他處理書信事務，或者接待客人。最近一段時間他不再拉小提琴了，閒下來時，他常常一個人孤獨地坐着，靜靜地回想着往事：幼年時的那個神奇的羅盤、最初愛上數學的喜悅、以光速飛向宇宙的幻想、聯邦工業大學畢業後的流浪生活、專利局裏偷

知識門

統一場論：
愛因斯坦的研究，不僅要把引力場和電磁場統一起來，而且要把相對論與量子論統一起來。

偷地研究相對論、患難與共的表妹艾麗莎……

1952年11月9日，愛因斯坦的老朋友、以色列首任總統魏茨曼逝世。晚上九點，愛因斯坦接到以色列大使的電話：「愛因斯坦教授，我想請問一下，如果提名你當總統候選人，你願意接受嗎？」

大使是奉以色列總理之命前來探詢的。

愛因斯坦馬上回電話：「大使先生，關於自然，我了解一點；關於人，我幾乎一點也不了解。我這樣的人怎麼能當總統呢？」

「教授先生，已故總統魏茨曼也是教授，你能勝任的。」

「不，魏茨曼和我不一樣。他能勝任，我不能。」愛因斯坦堅決地說。

「教授先生，每一個以色列公民，全世界的猶太人，都在期待着您呢！」大使的話十分誠懇。

「那……」愛因斯坦被自己同胞的好意感動了，他很少這樣激動過。他想的不是自己，而是想着怎樣才

知識門

以色列：

第二次世界大戰期間，大批猶太人湧進巴勒斯坦。戰後猶太復國運動得到美國的支持。1947年11月29日，聯合國決議把巴勒斯坦分成阿拉伯國和猶太國，耶路撒冷國際化。1948年5月14日，以色列國宣布成立。面積1.45萬平方公里。

能拒絕以色列政府，又不使他們失望。他立即趕到華盛頓，當面跟大使簡單而鄭重地表明了自己的立場。

1955年，最後的日子就要到來了。

4月11日，愛因斯坦最後一次在和平主義宣言上簽名。宣言是由英國哲學家羅素起草的，呼籲一切國家放棄核武器。

這時候，七十六歲的愛因斯坦身體越來越糟，他知道時間不多了。

他有時想到死的問題。對於任何問題，他都希望得到一種簡單、和諧、合理的答案。對死的問題也是這樣。他説：「人人都是要死的，這就是大家都關心的問題的答案。死是最終的解脱，永恆的自由。死，解除了我們身上的一切枷鎖——物質的、精神的、有形的、無形的。只有個體生命的結束，才能保證物種生命的延續。大自然安排得多麼巧妙、多麼合理，可是大家都怕死，多麼愚蠢。還是抓緊時間工作吧！」

4月13日，愛因斯坦病倒了，主動脈瘤已經擴散。醫生曾在幾年前就叮囑過他要注意身體健康，主動脈隨時有可能破裂。當時他説：「讓它破裂去吧！」

知識門

羅素：

（1872～1970），二十世紀聲譽卓著、影響深遠的英國思想家之一，是著名的反核反戰的和平主義者。1950年因《婚姻與道德》一書而獲得諾貝爾文學獎。

4月16日，病情惡化。這期間，愛因斯坦常常不願意注射**嗎啡**①，堅決拒絕一切外科手術。他說：「我想去的時候就去了，用人工的方法延長壽命，實在沒有意思；我已盡到了自己的責任。是我去的時候了，我將平靜地等待死神。」

愛因斯坦坦然面對死亡，希望除了他的科學理想和社會理想，他的一切都將隨着他一起死去。

愛因斯坦在生命的最後時刻，對來探望他的人談的是科學、公民權利、世界和平。4月17日夜，愛因斯坦睡着了，勞碌了一輩子的他實在太累了。

4月18日凌晨一點十分，護士注意到愛因斯坦呼吸異樣，她馬上請來了醫生。此時，愛因斯坦嘴唇在顫動，好像想說話，但聽不清他在說什麼。

最後，他深深地呼吸了兩下，像是帶着憂傷，便溘然長逝了。這是1955年4月18日凌晨一時十五分。愛因斯坦終年七十六歲。

上午八點，電訊傳遍全球：當代最偉大的物理學家愛因斯坦逝世。

愛因斯坦在他生命的最後一天，囑咐家人：不要舉行葬禮，不要設立墳墓，不要建立紀念碑。

---

① **嗎啡**：藥名，用作鎮痛劑。

　　下午兩點，遺體運到了普林斯頓的馬瑟喪葬場。沒有儀仗，沒有花圈，沒有樂隊，沒有悼詞，沒有演說，只有幾個最親近的朋友。遺體火化後，骨灰撒在一個未透露的地方。

　　二十世紀最偉大的科學巨星隕落了，但他的事業和精神將永遠照耀着人類！

　　2000年來臨之際，愛因斯坦榮膺「千禧風雲人物」選舉第一名。

　　歷史不會忘記他！世界人民不會忘記他！

想一想

1. 愛因斯坦是怎樣充分利用生命中最後的日子的？

2. 愛因斯坦對「死」是怎樣看待的？

大事年表

公元	年齡	事件
1879		3月14日出生於德國巴伐利亞州的烏爾姆鎮。
1885	6歲	上小學。
1889	10歲	進入路提波德中學。
1895	16歲	離開家鄉到瑞士蘇黎世補習。
1896	17歲	進入蘇黎世聯邦工業大學。
1900	21歲	大學畢業，獲學士學位。
1902	23歲	到伯爾尼專利局工作。
1903	24歲	與大學同班同學米列娃結婚。
1905	26歲	發表三篇重要論文，建立了相對論。
1906	27歲	獲蘇黎世聯邦工業大學頒發博士學位。

公元	年齡	事件
1909	30歲	回到蘇黎世聯邦工業大學任副教授。
1911	32歲	應聘到布拉格德國大學擔任教授。 應邀參加在布魯塞爾舉行的第一次索爾維會議——世界物理精英會議。
1914	35歲	應聘擔任柏林威廉物理研究所所長。
1915	36歲	完成重要論文《廣義相對論的基礎》，次年公開發表。
1918至1922	39至43歲	先後應邀到萊頓、巴黎、布拉格、美國、英國，並途經中國到日本、巴勒斯坦和西班牙講學。
1919	40歲	4月與米列娃離婚，6月與表妹艾麗莎結婚。
1921	42歲	獲諾貝爾物理學獎。
1929	50歲	發表「統一場論」。

公元	年齡	事件
1932	53歲	離開卡普特別墅,到美國加州理工學院講學。
1933	54歲	為避開法西斯的迫害,秘密到比利時避難。同年秋天成為美國普林斯頓高等研究院的第一位終身教授。
1936	57歲	夫人艾麗莎病逝。
1939	60歲	寫信給當時的美國總統羅斯福,建議研製原子彈。
1940	61歲	成為美國公民。
1944	65歲	同意拍賣1905年狹義相對論論文手稿(複製),以募捐籌款進行反法西斯。
1949	70歲	發表「統一場論」的最後論文。
1955	76歲	4月18日在普林斯頓醫院病逝。

愛因斯坦不僅僅是一個偉大的科學家，他還是一位風趣幽默的老頑童，他樂觀的個性，幫他度過了最艱辛的四處「打」工時期。現在，我們來讀一讀幾個展現他樂觀性格的小故事吧。

詼諧相對論

一次，一羣青年學生包圍了從德國移居美國的愛因斯坦的住宅，要他用「最簡單的話」解釋清楚他的「相對論」。

當時，據說全世界只有幾個科學家看得懂他關於「相對論」的著作。愛因斯坦走出住宅，對這些青年說：「比方這麼說——你同一個美麗的姑娘坐在火爐邊，一個鐘頭過去了，你覺得好像只過了5分鐘！反過來，你一個人孤單地坐在熱氣逼人的火爐邊，只過了5分鐘，但你卻像坐了一個小時。——唔，這就是相對論！」

最短距離

愛因斯坦在美國普林斯頓大學任教時，曾在暑假前

的學期結束會上發表過一個簡短而風趣的演說。當時學生們詢問愛因斯坦在學術上有無新發現，他不得不即席宣布：「我有一個發現：兩點之間的最短距離，是指暑假的開端到暑假的結束。祝諸位暑假愉快！」

大紙簍

　　普林斯頓大學打算給愛因斯坦100萬美金聘請他來當教授，愛因斯坦被帶到普林斯頓大學他的辦公室那天，有人問他需要什麼工具。

　　「我看，一張書桌、一把椅子和一些紙張鉛筆就行了。啊，對了，還要一個大廢紙簍。」他說。

　　「為什麼要大的？」

　　「好讓我把所有的錯誤都扔進去。」

　　這幾個小故事，是不是完全展現了愛因斯坦這個「頑童」幽默而樂觀的有趣性格呢。

　　小朋友們，你們還可以再去找一找他的其他有趣小故事啊。

　　愛因斯坦曾在晚年時透露：他十分後悔給美國當時的總統羅斯福寫了那封發現了能量守恆定律的信件，請你想像一下他當時的心情，代他再寫一封給羅斯福總統的信。